Karin Gündisch
Julian Jusim

Peter und der alte Teddy

CARLSEN

Peter hat sehr viele Kuscheltiere.
Auf seinem Bett sitzen oder liegen:
ein Alligator, ein Bär, ein Jaguar,

ein Kamel, ein Löwe, eine Maus,
ein Nashorn, ein Pfau,

ein Dachs, eine Ente,
ein Fuchs, eine Giraffe, ein Hase,
ein Igel, ein Rabe,

ein Schwein, ein Tiger, ein Uhu,
ein Wurm und ein Zebra.

Der Bär ist ein alter Teddy.
Sein Fell ist abgewetzt. Ein Auge fehlt ihm.
Peter hat den Teddy schon sehr lange.
Vorher hat der Teddy seiner großen Schwester gehört.

Brita mag den alten Teddy nicht mehr.
Peter mag ihn.
Der Teddy ist aber wirklich nicht mehr schön.
Das weiß auch Peter.

Peter bekommt zum Geburtstag
von Mama und Papa
einen großen, grauen Elefanten.
Jetzt ist Schluss mit den Kuscheltieren,
sagt Mama.
Jetzt bist du groß.
Der Elefant ist das letzte Kuscheltier,
das du bekommst.
Sonst musst du noch
auf dem Fußboden schlafen.
Du hast in deinem Bett bald
keinen Platz mehr.
Jetzt ist wirklich Schluss mit den
Kuscheltieren.

Peter ist traurig. Was soll er machen?
Welches Tier soll er weggeben,
damit er wieder Platz hat in seinem Bett?
Der Alligator ist weich wie Samt.
Der Dachs ist wie ein Kissen. Die Ente ist flauschig.

Der Fuchs hat einen buschigen Schwanz.
Die Giraffe hat Windpocken.
Der Hase ist weiß wie Schnee. Der Igel hat
Stacheln aus Stoff. Die Maus ist klein und grau.
Das Zebra ist gestreift. Und wie ist der Teddy?

Der Teddy ist schäbig.
Am Abend nimmt Peter den Teddy
nicht mehr mit ins Bett.
Der Teddy sitzt auf Peters Stuhl und sieht ihn an.
Mit einem Auge.

Peter kriecht unter die Decke. Es ist dunkel im Zimmer. Aber Peter kann nicht schlafen. Denn der Teddy sieht immer noch zu ihm hinüber. Peter dreht sich auf die andere Seite. Da kann er endlich einschlafen.

Am nächsten Sonntag
ist ein großer Flohmarkt auf dem Kirchplatz.
Peter geht auch hin und nimmt den Teddy mit.
Er setzt sich auf eine Bank und schaut zu.
Es gibt viel zu sehen:

alte Bücher, bunte Tücher, Tassen, Teller, Töpfe,
Gartenzwerge, Schaukelpferde, Kerzen,
Lebkuchenherzen, Uhren, die nicht gehen,
Reifen, die sich drehen, alte Puppen, alte Teddys
und noch vieles mehr.

Peter sitzt eine Weile neben dem Teddy.
Dann geht er eine Waffel kaufen.
Der Teddy wartet auf der Bank,
dass Peter zurückkommt.

Peter geht dem Geruch nach,
bis er einen Waffelstand findet. Er stellt sich an.
Vor ihm stehen noch drei Kinder.
Er kauft eine Waffel mit Apfelmus und Zucker.

Es ist warm geworden
und Peter hat Durst.
Er muss sich etwas zu trinken holen.
Der Teddy wartet auf der Bank.
Peter geht zum Getränkestand
und stellt sich an.
Vor ihm stehen fünf Kinder.
Peter muss sich gedulden.
Als er drankommt,
verlangt er ein Glas Limonade.
Er trinkt langsam,
Schluck für Schluck.
Dann geht er zur Bank zurück.
Der Teddy ist noch immer da.

Nach einer Weile muss Peter
aufs Klo.
Er sucht den Klowagen.
Der ist auf der anderen Seite
des Kirchplatzes.
Peter stellt sich an.
Vor ihm sind noch sieben Kinder.
Es dauert ein wenig,
bis er drankommt.
Danach geht Peter langsam
über den Kirchplatz.
Er bleibt bei der Blasmusik stehen
und schaut dem Dirigenten zu.
Als er zur Bank zurückkommt,
ist der Teddy noch immer da.

Niemand will den Teddy.
Er sitzt da wie angeklebt.
Wenn er wenigstens
zwei Augen hätte!
Peter denkt nach,
wie er den Teddy
loswerden könnte.
Es ist schon Mittag
und er möchte
nach Hause gehen.

Auch Peter sitzt nun da
wie angeklebt.
Er sieht zum Bücherstand hinüber.
Dort verkauft eine Buchhändlerin
billige, alte Bücher.
Sie winkt Peter zu sich.

Die Buchhändlerin fragt Peter:
Willst du den Teddy verkaufen?
Peter nickt.
Warum willst du ihn verkaufen?
Weil ich jetzt groß bin, sagt Peter.

Ich möchte ihn gerne haben, sagt die Frau.
Ich gebe ihn dir aber nur, wenn du gut zu ihm bist,
sagt Peter.
Du brauchst dir keine Sorgen zu machen.
Bei mir wird der Teddy es gut haben.

Dann gebe ich ihn dir, sagt Peter.
Aber warum willst du diesen alten Teddy?
Du bist ja kein Kind mehr.
Die Buchhändlerin sieht Peter lange an.
Das stimmt, sagt sie.
Weißt du, das ist eine lange Geschichte.
Wenn du willst, erzähle ich sie dir.
Komm, setz dich neben mich.

Als ich ein kleines Mädchen war,
hatte ich einen Teddy,
sagt die Buchhändlerin.
Der sah so aus wie deiner.
Eines Tages sagte
meine Mutter:
Jetzt bist du groß
und brauchst den Teddy
nicht mehr.

Plötzlich war der Teddy weg.
Seit damals
sehne ich mich immer
ein wenig nach meinem Teddy.
Peter fragt die Frau:
Was machst du mit dem Teddy,
wenn ich ihn dir gebe?

Ich nehme ihn mit in die Buchhandlung.
Da können die Kinder mit ihm spielen.
Manchmal setze ich ihn ins Schaufenster.

Dann kann er auf die Straße sehen. Wenn du willst,
kann ich ihn abends in meine Wohnung mitnehmen.
Er wird sich bei mir wohl fühlen.

Am nächsten Morgen geht Peter auf dem
Weg zur Schule an der Buchhandlung vorbei.
Er sieht den Teddy im Schaufenster.
Der Teddy hat jetzt wieder zwei Augen.
Zufrieden geht Peter weiter.

Er dreht sich noch einmal um.
Der Teddy sieht nicht mehr schäbig aus.
Dann geht Peter noch ein paar Schritte
und dreht sich wieder um.
Eigentlich ist der Teddy wunderschön.

1. Auflage 1997

Typographie: Doris K. Künster
Lithographie: Die Litho, Hamburg
Druck und Bindung: Proost, Turnhout
ISBN 3-551-51458-5
Printed in Belgium